Φ EDITION· BILDSTEIN LEIPZIG-DRESDEN 2014

Der Philosoph

Verse von Armin Gröpler

Φ EDITION· BILDSTEIN LEIPZIG-DRESDEN 2014

»Es lacht sich mit niemandem mehr.«

Thomas Mann »Lotte in Weimar«

Bibliografische Information der Deutschen Nationalbibliothek: Die Deutsche Nationalbibliothek verzeichnet diese Publikation in der Deutschen Nationalbibliografie; detaillierte bibliografische Daten sind im Internet über http://dnb.dnb.de abrufbar.

Originalausgabe
Juni 2014
EDITION BILDSTEIN
LEIPZIG-DRESDEN

Alle Rechte vorbehalten
© Armin Gröpler 2014
Einbandgestaltung:
Φ EDITION BILDSTEIN
Grafiken/Illustrationen:
Armin Gröpler
Gesetzt: Helvetica Neue/Adobe Garamond/Trebuchet
Herausgeber: Ingo Groepler-Roeser & Karol Kosmonaut
Φ EDITION BILDSTEIN
Herstellung und Verlag:
BoD – Books on Demand, Norderstedt
ISBN: 9783735742797

Der Philosoph, der trägt ein Zöpfchen

am Philosophen-Hinterköpfchen.

Wenn er sich auf den Schädel klopft,

daraus ein Theoremchen tropft.

Wie sollte es auch anders sein:

Der stete Tropfen höhlt den Stein!

Der Philosoph, der nimmt den Lokus

für die Verdauung in den Fokus.

Beim Stuhlgang kommt, man wird es sehen,

ihm meist die schönste der Ideen.

Er ist sehr stolz und merkt erst spät,

dass es dem Pöbel auch so geht!

Der Philosoph tut keiner Fliege

etwas zu Leide, denn Intrige

gehört nicht zu den Musterwaffen,

die uns das Glück auf Erden schaffen.

Für Philosophen einfach besser

sind Theoreme, scharf wie Messer!

Der Philosoph, der bricht im Ganzen

stets für die Menschheit seine Lanzen.

Obwohl Ideen blankes Gold,

wird ihm dafür kein Dank gezollt.

Und weil er das mitunter wittert,

ist er darüber sehr verbittert.

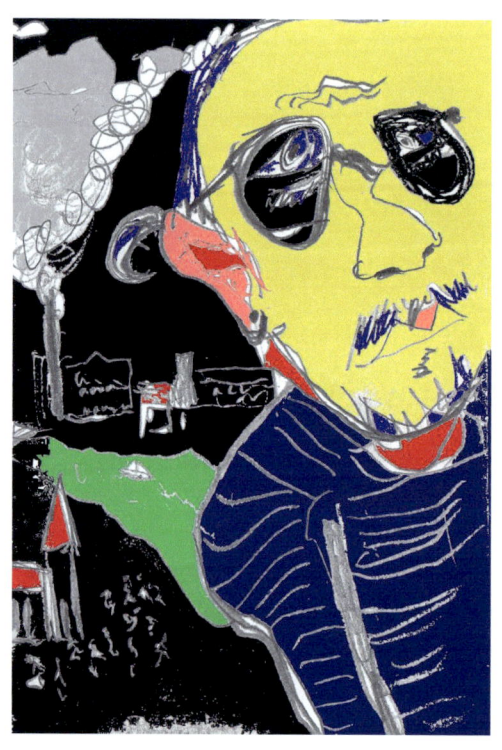

Der Philosoph entblößt sein Haupt,

vor Gott, an den er gar nicht glaubt.

Wenn er verehrt, was es nicht gibt,

so denkt er, macht ihn das beliebt

bei Juden, Moslems und Buddhisten

und explizit auch bei den Christen.

Der Philosoph gab heut bekannt:

»Ich kauf mir einen Elefant!«

Sind die Probleme intensiver

und die Kloake einmal tiefer,

so hilft das Tier, mir bei den Jauchen

den Rüssel gründlich einzutauchen.

Der Philosoph denkt klug und praktisch

und außerdem auch prophylaktisch,

wie man sich dem Morast entwindet

und endlich Denkerfreiheit findet.

Ergebnislos und mit Verzagen

beschloss er nun, das zu ertragen.

Der Philosoph sieht plötzlich rot,

weil das Finanzamt ihn bedroht.

Er sinnt zerknirscht bei Tag und Nacht,

was steuerlich er falsch gemacht,

denn die Beamten, diese Zocker,

die lassen absolut nicht locker.

Der Philosoph, mit List und Tücke,

sucht im Gesetz nach einer Lücke.

Nicht lange muss er danach suchen

und kann bereits Erfolg verbuchen!

Jetzt gibt er jedem guten Rat,

perfekt als Winkeladvokat.

Der Philosoph schafft mit Gewalt

aus wirren Dingen die Gestalt.

Die wächst gewaltig nun und dicht

und strahlt ihm übers Angesicht.

Und eh der Tag auch noch erwacht,

ist er um die Idee gebracht!

Der Philosoph, mit festem Blick,

betrachtet jetzt die Politik.

Und trotz des Blickes, welcher sticht,

erkennt er die Probleme nicht.

Doch braucht er weiter nicht zu ringen,

denn er steht über allen Dingen!

Der Philosoph sieht in die Ferne

mit einem Rohre manchmal gerne,

hin bis zum Bundeskanzleramt,

und heimlich denkt er sich: »Verdammt,

wenn ich da auch mal drinne säße,

dann hätt' ich Geld und viele Späße!«

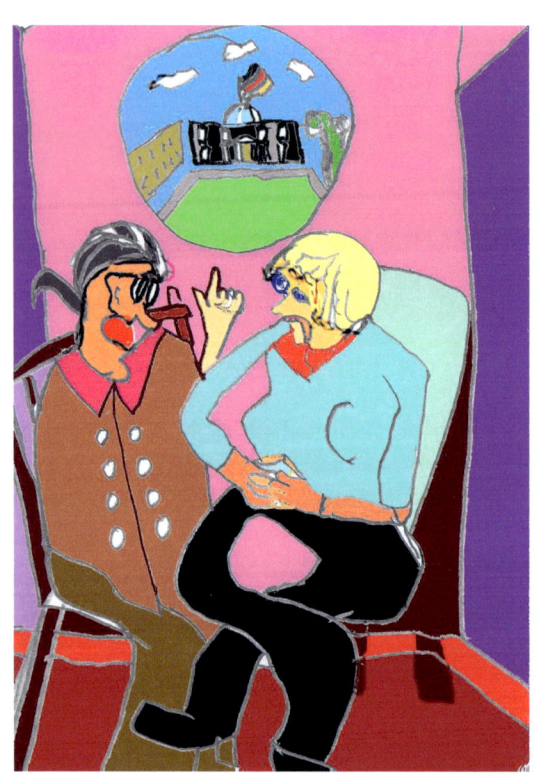

Der Philosoph hat einen Sinn
auch für die Bundeskanzlerin.
Die gute Frau lässt nichts verrosten
und gibt ihm den Ministerposten.
Drei Wochen lang im Lande ist er
vereidigt als Kulturminister.
Drei Wochen nur! Dann war er pleite,
nahm seinen Hut und floh ins Weite.

Der Philosoph, mit vollem Mund,

tat wieder eine Weisheit kund:

»Die Menschheit, innerlich verroht,

die ist schon übermorgen tot!«

Dafür bekam er Honorar

und einen Orden dann sogar.

Der Philosoph ist sehr verwoben

in Stürme, die im Geiste toben.

Da grollen Donner, zucken Blitze

und Wasser dringt durch jede Ritze.

In seinem Haus entsteht ein See

und daraus fischt er die Idee.

Der Philosoph hält Schöpferpause!
Das fürchtet man bei ihm zu Hause.
Er mag Familienleben logisch
und überdies auch pädagogisch.
Klug unterwandert seine Frau
die Theorie samt Überbau…

Der Philosoph, der muss jetzt saufen,

denn seine Frau ist ihm entlaufen.

Und deutlich spürt er, was verbleibt,

wenn Philosophen unbeweibt.

Er schreibt sein erstes Meisterstück:

Ach liebe Frau, komm doch zurück!

Der Philosoph leert einen Becher

in dem Lokal als stiller Zecher.

Und bei des Volkes grober Rede

sitzt er nur da und lächelt blöde.

Er spürt: es wird mir nicht gelingen,

Gedanken unters Volk zu bringen!

Der Philosoph liest kluge Bücher

und packt sie ein in trockne Tücher.

Doch weil sich vieles dort versammelt,

ist manches schon bereits vergammelt.

Er zündet nun, was da vermodert,

bis die Idee in Flammen lodert.

Der Philosoph muss, weil er quarzt
und heimlich trinkt, geschwind zum Arzt.
Der Doktor zaubert aus der Tasche
mit Wodka eine Taschenflasche.
Sie qualmen beide dicke Ringe,
bis sich verkehren alle Dinge.

Der Philosoph raucht Poesie

jetzt in der Pfeife wie noch nie!

Inmitten dichterischem Qualm

wähnt er sich auf der grünen Alm.

Voll Inbrunst schaut er auf die Kühe;

das Denken macht ihm zu viel Mühe.

Der Philosoph schreibt einen Brief

an eine Frau, mit der er schlief:

»Madame, wir haben es probiert

und miteinander kopuliert.

Jedoch auch Tiere: Schweine, Kühe,

die unterziehen sich der Mühe.

Wir sollten hurtig nun bedenken,

den Geist auf ›Höheres‹ zu lenken!«

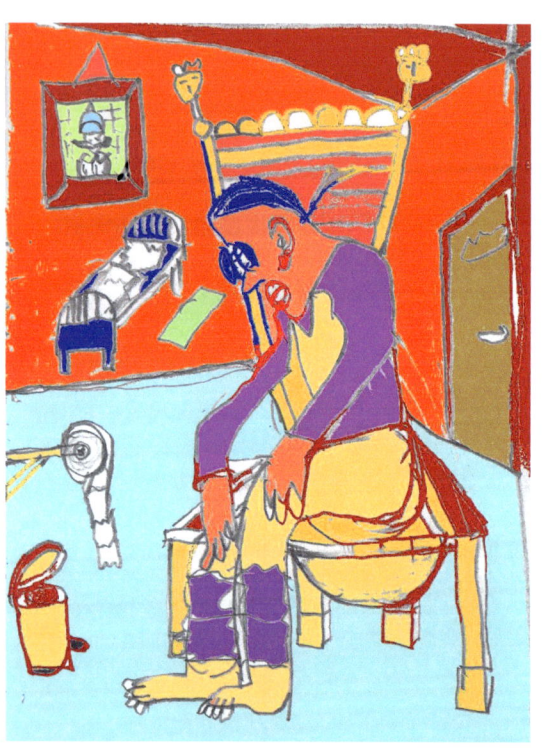

Der Philosoph genießt wie irr

sein nagelneues Nachtgeschirr.

Nun braucht er nächtiglich beim Pinkeln

die Beine nicht mehr anzuwinkeln.

Ein Kackstuhl, aufgestylt zum Thron,

erfreute Kaiser Wilhelm schon!

Der Philosoph hat große Sorgen!
Er muss schon wieder einmal borgen…
Ein Redeschwall bei seiner Bank
verschafft ihm Hilfe, Gott sei Dank!
Doch bald darauf mit Permanenz
droht ihm schon wieder Insolvenz.

Der Philosoph sitzt und verschnauft;

das »Denken« bringt ihn arg in's Schwitzen!

Weil niemand Theoreme kauft,

bleibt er auf den Ideen sitzen.

Und es entringt sich ihm ein Fluch.

Indes, er nagt am Hungertuch!

Der Philosoph verlor beim Wetten
infolge falscher Logik-Ketten.
Jetzt muss er Geld für Brötchen pumpen,
bei ausgepufften fiesen Lumpen.
Sehr traurig kaut er auf der Schrippe
und schnurrt beim Kumpel eine Kippe.

Der Philosoph, sehr fein gerockt,

geht ins Casino, wo er zockt.

Bescheiden setzt er einen Rubel

auf Zero; groß ist nun der Jubel!

Zufrieden lässt er sich entgelten,

als Philosoph gewinnt man selten.

Der Philosoph hält ohne Zaudern

jetzt Reden, wo die Andren plaudern.

Verwegen preist er sein Konzept,

wie man die reichen Leute neppt.

Doch diese sind, wie immer, klüger,

weil sie perfektere Betrüger!

Der Philosoph wird täglich kränker

weil außer ihm noch andre Denker

die Welt zergliedern und zersplittern

und die Ideen täglich twittern.

Jetzt zieht er Dinge an den Haaren

herbei und lässt sie wieder fahren.

Der Philosoph verliert die Nerven,

weil Leute ihn mit Dreck bewerfen.

Er schnitzt aus Theoremen Pfeile

und schießt zurück in Windeseile.

Doch diese kommen, Stück für Stück,

als Bumerang zu ihm zurück.

Der Philosoph verzehrt ein Ei.

Versonnen denkt er sich dabei:

Was war zuerst? Ei oder Henne?

Doch nun versagt ihm die Antenne

den Dienst. Im Kopfe öde

sitzt er nun da und lächelt blöde!

Der Philosoph, der lebt gesund,

doch läuft sein Geist dabei nicht rund.

Bei Thomas Mann las er, »die Kranken

entwickeln schönere Gedanken«.

Auf dass sein Geist nun bald gesunde,

pflegt er fortan das Moribunde…

Der Philosoph fischt nach den Sternen,

die sich sehr flink von ihm entfernen.

Noch während er die Netze knüpft,

ist so ein Stern schon weggehüpft!

Auf Dauer muss ihn das verdrießen

und er plant ein, sich zu erschießen…

Der Philosoph ist voller Ahnung

an bessre Welten »nach dem Leben«

und mittels hoffnungsvollem Beben

beginnt er nun die Todesplanung.

Er hüllt sich ein in teure Seiden,

damit die Andern ihn beneiden.

Moral: Auch Philosophen hassen,

die Bühne ohne Pomp zu lassen!

Der Philosoph sitzt und erbleicht,

weil schlechte Nachricht ihn erreicht.

Sein Werk hat keinen Widerhall

beim Rest vom Philosophenstall!

Nun er erwägt bei dieser Sache

klammheimlich eine schlimme Rache.

Der Philosoph wird schizophren

(man konnte das schon lange sehn).

Heut glaubt er gültig seine Sätze,

schon morgen ist es ihm Geschwätze!

Den Sinn der Thesen zu sortieren,

geht immer mehr ihm an die Nieren.

Der Philosoph, geschundnen Hauptes,

hat viel gesagt, doch keiner glaubt es.

Und wenn ein Theorem ihm glückt,

hält ihn der Pöbel für verrückt.

Doch Leute - ständig ohne Lob -

die werden leicht zum Misanthrop.

Der Philosoph ist überdrüssig,

des Lebens! Und, pistolenschüssig

(was soll er weiter auch noch zagen),

drückt er den Colt auf seinen Magen.

Sein Leben war durchaus verpatzt.

Jetzt liegt er tot und ist geplatzt.

Ende